I⁶j
366

LES PREMIÈRES ÉTUDES

SUR

L'AGE DU BRONZE

EN GIRONDE

PAR

M. le Dr E. BERCHON

Ancien Médecin principal de 1re classe de la Marine,
Président de l'Académie nationale des Sciences, Belles-Lettres et Arts
de Bordeaux.

Séance publique du 29 mars 1889.

BORDEAUX

IMPRIMERIE G. GOUNOUILHOU

11, RUE GUIRAUDE, 11

1890

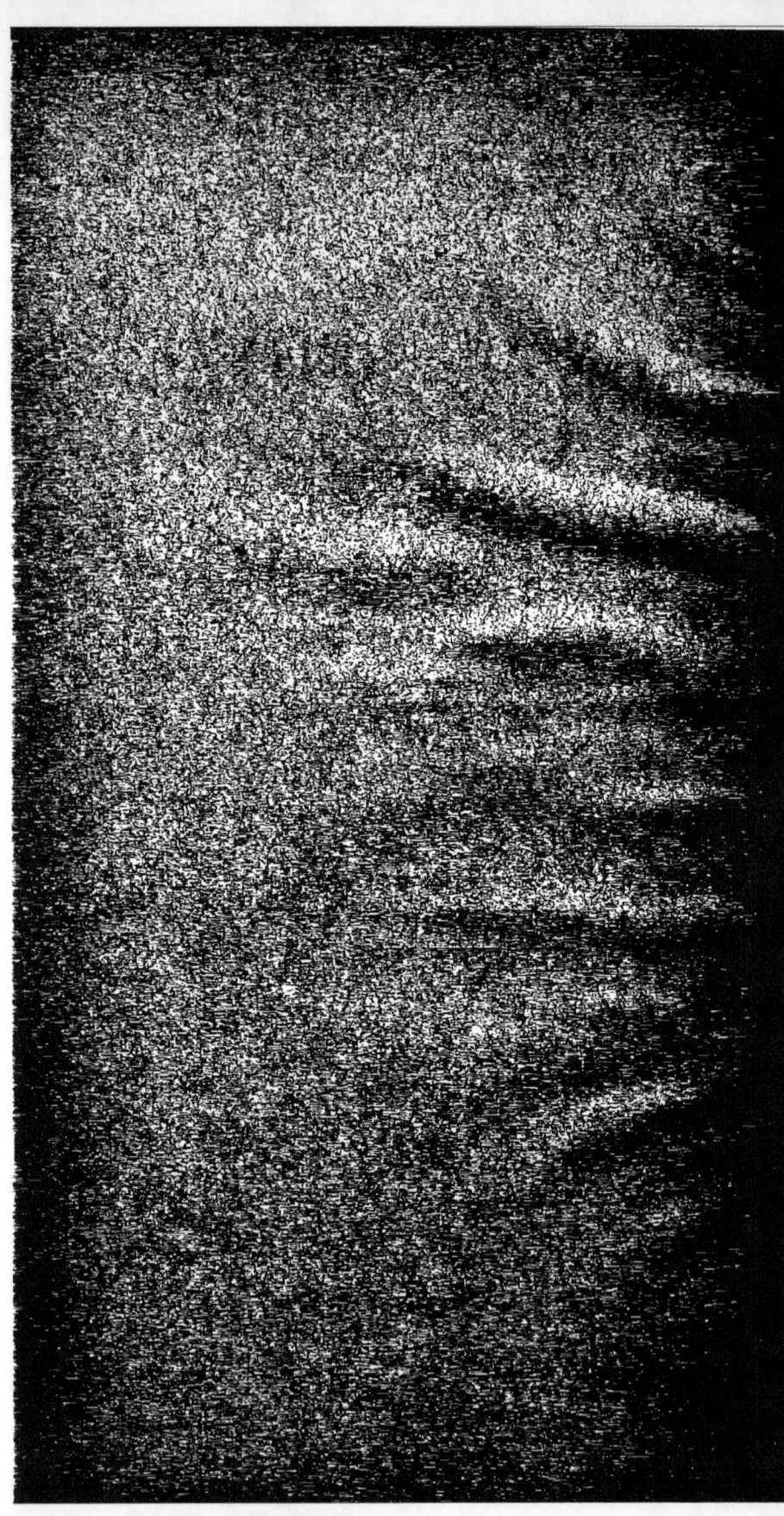

LES PREMIÈRES ÉTUDES

SUR

L'AGE DU BRONZE

EN GIRONDE

PAR

M. le Dr E. BERCHON

Ancien Médecin-principal de 1re classe de la Marine,
Président de l'Académie nationale des Sciences, Belles-Lettres et Arts
de Bordeaux.

Séance publique du 29 mars 1889.

BORDEAUX

IMPRIMERIE G. GOUNOUILHOU

11, RUE GUIRAUDE, 11

1890

(Extrait des *Actes de l'Académie nationale des Sciences, Belles-Lettres et Arts de Bordeaux.*)

LES PREMIÈRES ÉTUDES

SUR

L'AGE DU BRONZE

EN GIRONDE

Mesdames,
Messieurs,

I

Il peut paraître téméraire, bien certainement, de vous demander quelques moments d'attention, après les discours que vous venez d'entendre et que je puis bien qualifier excellents, malgré ma réserve obligatoire d'académicien, puisque vous les avez salués de vos applaudissements chaleureux.

Mais l'Académie a pour tradition de tenir compte, dans ses séances publiques, de la triple mission que lui trace son titre et de joindre une lecture sur un sujet scientifique à celles qui ont pour objet les Belles-Lettres et les Arts, et ma tâche, ingrate déjà pour bien des raisons, devient plus difficile encore parce que je dois vous entretenir de l'un des chapitres des annales de ces temps qu'on est convenu de nommer, aujourd'hui, *préhistoriques*, bien que le mobilier, les armes et les ustensiles de ces époques reculées aient été souvent signalés et même décrits dans quelques-uns des ouvrages anciens qui sont parvenus jusqu'à nous.

C'est un assez aride terrain de recherches, et si l'on se

reporte à quelques années en arrière de nous, il est certain que l'archéologie ordinaire, celle des monuments ou des objets qui attirent forcément le regard et s'imposent même souvent à l'admiration des masses par leurs dimensions, leurs formes gracieuses, ou le fini de leurs détails artistiques, était loin, elle-même, d'être appréciée à sa valeur par le grand public, ce suprême dispensateur de la renommée.

Un écrivain girondin qui eut, alors, des années de vogue, a même raconté dans un livre curieux (quoique assez oublié maintenant), intitulé : *L'Hiver à Bordeaux*, que les « chercheurs, les fouilleurs infatigables du passé » ne pouvaient guère prétendre qu'à la qualité d'ou- » vriers maçons de l'art et de la science », refusant ainsi tout intérêt véritable à leurs recherches (¹).

Saint-Rieul-Dupouy avançait même « que le premier » venu pouvait devenir un archéologue, un paléographe, » un numismate quelconque, sans autre effort que celui » d'avoir la manie, *commune de son temps*, de paraître un » savant. » Et, pour mieux défendre sa thèse, il avait été jusqu'à inventer l'existence, à Bordeaux, *d'une société archéologique* et *d'un nombre prodigieux d'antiquaires* (je cite textuellement ses paroles), quand la société qui porte ce nom devait rester encore plus de vingt ans dans les limbes et quand l'étude raisonnée de l'antiquité ne comptait dans notre ville qu'un très petit nombre d'adeptes tout à fait au-dessus, il est vrai, par leur science et leurs travaux, de la critique du superficiel *reporter* que j'ai nommé.

Il voulait bien reconnaître, néanmoins, « que ces » maçons pouvaient faire parfois des découvertes pré-

---

(¹) *L'Hiver à Bordeaux*, par J. Saint-Rieul-Dupouy. Bordeaux, Feret fils, 1851.

» cieuses, à travers un fatras de démolitions; préparer
» même des éléments à l'histoire. » Et c'était mieux
caractériser, en effet, leurs tendances, car ils n'avaient
jamais eu que cette ambition, aussi légitime qu'élevée.

Les temps ont-ils changé depuis 1851? C'est ce que je
vais essayer d'examiner d'abord; en précisant, d'autre
part, de quelle manière le progrès s'est opéré, d'une
manière générale, en France et en Gironde. Et le sujet
particulier de mon travail me permettra de prouver, une
fois de plus, que l'Académie de Bordeaux a été, sous ce
rapport, la pionnière et la promotrice des meilleures
recherches tentées sur la période d'années que l'on
qualifie d'*âge du bronze*.

II

L'archéologie et, surtout, sa partie préhistorique
ont-elles de nos jours obtenu droit de cité dans ce qu'on
appelle le monde? Je ne crains pas de l'affirmer, bien
que cette thèse puisse paraître paradoxale et, ce qui surprendra davantage, c'est qu'il me suffira, tout à l'heure,
pour démontrer ma proposition, de faire l'analyse de
certains détails de la toilette des dames qui veulent bien
venir, à chacune de nos séances publiques, protester par
leur présence et leur attention soutenue, contre l'inutilité
faussement attribuée à toute étude sérieuse.

Et, d'abord, les noms de tumuli, de menhirs, de
cromlechs, de dolmens, de silex taillés ou polis et, surtout, d'âges de la pierre, du bronze et du fer, sont
aujourd'hui tellement connus, qu'on les entend pronon-
cer à chaque instant, dans les conversations les plus
ordinaires. L'ancien âge d'or en a même perdu tout
son prestige, peut-être pour d'autres raisons, si l'on

en croit quelques moralistes moroses, et je me crois dispensé, par conséquent, de donner la définition de ces termes compris de tout le monde, tout en énonçant, cependant, qu'il ne faut pas voir, dans ces distinctions d'âges, des limites, même séculaires, d'époques absolument distinctes. C'est d'une manière tout à fait générale qu'il faut les interpréter, car l'usage simultané des objets propres à chacune de ces périodes de l'histoire de l'humanité a été souvent observé. On reconstituerait aisément, même de nos jours, un véritable âge de la pierre par le nombre des instruments de ce genre employés actuellement dans notre industrie et dans nos ménages.

Mais, cette distinction faite, il est incontestable que tous ces termes sont devenus familiers, et les livres, les gravures, les illustrations, les tableaux même, ont réellement vulgarisé les connaissances qui se rattachent à cet ordre de faits dont l'importance a été surtout révélée par les fouilles des sépultures anciennes ou les dragages opérés dans les lacs de plusieurs contrées, particulièrement de la Suisse.

Les objets rencontrés dans ces fouilles avaient, en effet, un cachet artistique qui devait les faire remarquer. Leur variété était extrême; aussi leurs reproductions, ou imitations, ont bientôt envahi les vitrines et les devantures de nos orfèvres. Il n'en fallait pas davantage pour exciter l'attention et des convoitises plus justifiées certainement que celles d'Ève. Et c'est de là qu'est venue tout spécialement la profusion des bracelets qui, sous les noms de porte-bonheur, semainiers, esclavages, que sais-je encore! couvrent les bras de nos élégantes à un moindre degré, jusqu'à présent (je ne sais trop si je dois le leur dire), qu'on ne l'a constaté dans certaines sépultures, où ces ornements se trouvaient accumulés sur les bras, les avant-bras et même les jambes, de façon à recouvrir littéralement toutes ces parties du corps.

Rien n'est plus gracieux que les objets rassemblés dans ces découvertes, fouilles ou dragages. Aux bracelets dont je parlais tout à l'heure, on a pu joindre des boutons richement ciselés, de charmantes rondelles estampées destinées à orner les bandelettes qui contribuaient à l'embellissement de la coiffure des femmes, ou des grands chefs d'alors, et les bagues, les boucles d'oreilles, les grains de collier et les pendeloques de tout genre dont sont enrichis les musées modernes prouvent assez que le soin de la parure a été l'un des objectifs de toutes les races humaines; puissant attrait que sont loin de mépriser du reste nos contemporaines.

Le nombre encore plus considérable des épingles servant aux usages féminins, des agrafes de toute forme et des ceintures attesterait la même tendance, jusqu'à ces fibules à ressort qu'on appelle épingles anglaises (je ne sais pourquoi), tandis qu'elles ne sont que des restitutions des types de l'antiquité la plus reculée.

Les bijoux anciens sont donc devenus à la mode. Ils sont recherchés, étudiés avec soin, par celles qui savent à merveille en choisir les formes les plus riches; et les voyages, devenus plus faciles, ont, de plus, développé le même goût. Aussi le progrès s'est-il vite fait, en pareille matière, depuis la deuxième moitié de ce siècle qui a tant de rapports avec les époques où le luxe semblait avoir atteint les dernières limites du beau.

Jamais, en effet, les collections ne sont devenues plus nombreuses, plus variées, plus riches, plus visitées. Commencées par des meubles, elles se sont généralisées et je pourrais certainement faire allusion ici aux beaux jours des enchères de notre cité bordelaise, pour prouver le développement de cette passion qui rappelle les folies de Rome, lorsqu'elle se fut enrichie des dépouilles et des trésors du monde entier.

On a même plaisanté récemment sur cette *furia* devenue très française, en prédisant la venue prochaine de dîners archéologiques à l'occasion de la résurrection des danses oubliées, du menuet, de la pavane et de la sarabande. Mais cette prédiction est déjà de l'histoire, car si l'on a vu paraître, dans les soirées les plus aristocratiques, des costumes de nos ancêtres les plus éloignés, Pierre Loti, un Aquitain, presque un Girondin, donnait, il n'y a pas un an, le 12 avril 1888, un grand dîner Louis XI, où tout se trouvait à l'unisson des costumes de 1470 : disposition des salles de banquet et des tables, mets, échansons, varlets, archers, pèlerins, malandrins, trouvères et surtout toilettes, ornements, armes et ajustements des convives.

Il est donc incontestable que les données de l'archéologie ont fait, dans ces derniers temps, de nombreux prosélytes, sans le savoir peut-être, comme M. Jourdain, faisait de la prose. Elles exercent même une influence réelle dans le monde des arts. Elles sont devenues favorites, ce qui pourrait me dispenser de toute autre démonstration. Aussi suis-je tenté de leur appliquer ce qu'un charmant conteur disait dans une circonstance semblable à celle qui nous rassemble :

« Ah ! mode, mode, si, un jour, traduite au tribunal
» des maris que tu as si souvent ruinés, tu songes à
» invoquer pour ta défense les services que tu as rendus
» aux beaux-arts, à tous ces objets méprisés pendant un
» temps et que tu as su sauver et tirer de l'oubli ; nul
» doute que si tu n'arrives pas à l'acquittement complet,

» il ne se trouve dans le tribunal une majorité d'archéo-
» logues pour t'accorder, au moins, les circonstances
» atténuantes. »

Il semble même que la politique s'en mêle parfois, dans la pensée de rechercher des arguments pour ou contre les origines et le cantonnement naturel des peuples. Je n'ai donc pas besoin de défendre plus longuement le choix de mon sujet et je réclame seulement un peu d'indulgence pour l'exposition que je dois faire des premiers incidents de l'histoire de l'âge du bronze en Gironde et des études qui ont eu pour base les objets recueillis comme appartenant à cette époque.

III

Si l'on se reporte à trente ans en arrière, il ne paraissait guère que cette étude fût possible. Les ouvrages, même spéciaux, faisaient à peine mention de la découverte de quelques objets de bronze trouvés par hasard dans cette région qui n'a eu qu'une annale, celle de l'*historique description du solitaire et sauvage pays de Médoc, de La Boëtie*. Encore le livre est-il perdu depuis 1593, et peut-être introuvable si l'on ne venait de découvrir, tout récemment, le portrait, introuvé longtemps aussi, du célèbre ami de Montaigne.

C'est à titre de simple curiosité qu'on enregistrait chaque objet recueilli. Il n'y avait pas longtemps que les plus fines pointes de flèche en silex étaient scientifiquement classées, en géologie, sous le nom de *céraunies* ou pierres d'orage. Les questions préhistoriques étaient à peine abordées ; elles ne devaient même l'être sérieusement qu'après la création, en 1859, de la Société d'Anthropologie de Paris et sous l'inspiration et la direction d'un éminent Girondin, Paul Broca.

D'ailleurs il suffirait de rappeler à ce sujet que notre Gironde est à peine signalée pour une dizaine de stations de l'âge du bronze dans les ouvrages actuels les plus autorisés, ceux de MM. Bertrand et Chantre. Et le beau livre de John Evans, publié en 1883, n'en cite même qu'une, à Langoiran.

Mais on doit toujours, à mon avis, se défier des affirmations désolantes. Il faut, en toute étude scientifique, se souvenir du mot de Galilée (et pourtant elle marche) [*e pur si muove*]. Le *Lasciate ogni speranza* n'est pas un dogme moderne et je ne crains pas d'avancer que c'est surtout dans les recherches à faire sur des époques dont les conditions ne peuvent être appréciées qu'après la collection d'un nombre immense de faits qu'on ne doit jamais se décourager dans la poursuite du but espéré ou entrevu.

C'est ce que je résolus de faire quand les hasards de ma carrière maritime me firent aborder ce coin de terre privilégié que baignent l'Océan et la Gironde, sur les bords de ce fleuve magnifique, qui, mieux que tout autre de notre pays, mérite le nom de chemin qui marche et a porté vers l'*Emporium*, ou la grande cité de Bordeaux, les navires phéniciens, les flottes romaines, les barques des Vykings scandinaves ou normands, les vaisseaux anglais et les splendides steamers modernes.

Quelques années s'étaient à peine écoulées et je pouvais prouver, pièces en main, que le Médoc était plus riche, en reliques de ce passé, que beaucoup d'autres contrées de notre France et même de l'Europe.

J'y rassemblai rapidement, d'abord, un assez grand nombre de ces bronzes que l'on a désignés longtemps sous le nom de *coins* et qu'on regarde maintenant comme ayant dû servir d'armes et d'outils. Je recueillis aussi des bouts de flèche, des pointes de lance, des poignards, des épées et j'eus même la bonne fortune d'y trouver des bracelets si finement ciselés qu'ils peuvent exciter et ont même éveillé le désir de nos mondaines. Et ces découvertes ne furent pas isolées. Elles se généralisèrent peu à peu. Des chercheurs firent d'autres trouvailles plus ou moins importantes, mais je supprime naturellement, ici, les détails qui se rattachent à tous les faits qui attestent d'une manière irrécusable l'importance de l'âge du bronze dans une partie du département qui ne paraissait pas devoir fournir d'aussi grandes richesses.

Ce sera l'objet d'un autre travail et j'aborde un côté de la question qui m'a paru plus intéressant encore. Je veux parler de l'étude chronologique des recherches sur l'âge du bronze en Gironde.

IV

J'avoue que j'étais loin de supposer, en commençant cette étude, que d'autres avaient déjà magistralement parcouru la voie dans laquelle je m'étais engagé.

J'avais bien feuilleté avec soin les principales publications d'archéologie ou d'histoire girondines parlant incidemment des coins de bronze rencontrés en Médoc. Jouannet en avait signalé comme trouvés à Pauillac en 1805 et 1822, à Saint-Julien en 1825, faits cités et rappelés par Bernadau et Ducourneau et plusieurs autres auteurs; mais je ne pouvais deviner, d'après ces renseignements sommaires, que l'Académie de Bordeaux avait porté, plusieurs fois, son attention sur cette question, qu'elle en avait discuté tous les termes, fixé les conditions générales, bien avant toute autre compagnie savante, à une époque où le grand Boucher de Perthes, lui-même, n'avait pas encore commencé l'étude de l'âge de la pierre (¹) et dans une période de notre siècle où les mots *préhistoire* et *préhistorique* ne figuraient même pas encore dans nos dictionnaires (²).

C'est, en effet, en 1806 que l'Académie reçut le premier mémoire rédigé sur les instruments en bronze trouvés dans le sol médocain.

Elle accueillait, plus tard, en 1827, 1828 et 1829 de nouvelles dissertations sur la matière. Elle récompensait même certains de ces travaux, de sorte qu'il est absolument indéniable qu'elle a marché la première dans la voie que d'autres ont cru découvrir plus tard.

Le premier mémoire dont je parlais à l'instant, fut lu dans une séance du 24 juillet 1806 par le baron de Caila, qualifié, sur les listes de l'Académie, d'ancien magistrat, antiquaire et collectionneur et qui se trouve souvent cité dans les livres du temps pour son érudition et ses connaissances archéologiques.

Ce travail avait pour titre : *Dissertation sur un instrument antique trouvé dans la paroisse de Pauillac, Gironde, en mars 1803.*

Cet instrument était ce qu'on nomme actuellement une hache de bronze. Caila en avait exactement dessiné la forme, indiqué les dimensions, décrit les détails, et sa thèse est tellement caractéristique de ce qu'on savait sur

---

(¹) Boucher de Perthes a raconté lui-même avec quelles difficultés il avait pu faire adopter ses découvertes, énoncées pour la première fois en 1839, dédaignées jusqu'en 1854, reconnues vraies par la majorité des archéologues et géologues en 1859, et définitivement acceptées après la découverte de la mâchoire humaine de Moulin-Quignon, le 28 mars 1863.

(²) Le Dictionnaire de Littré ne contient que la traduction littérale du mot *Préhistorique*, temps avant l'histoire, 1873. Et le Dictionnaire de Larousse, plus explicite, est de 1875, t. XIII, p. 62, article *Préhistoire*.

ces objets au commencement du xixᵉ siècle, qu'elle sera reproduite *in extenso* dans mon étude générale. Je ne fais que l'analyser ici.

L'incertitude était grande alors sur la destination réelle de ces bronzes. Les uns y voyaient des marteaux ou des coins; le grand Visconti, consulté en mai 1804, croyait y reconnaître un outil servant aux lutteurs pour aplanir l'arène des cirques. Lenoir, conservateur des antiques, à Paris, en faisait au contraire une arme.

Et dans le passé, Montfaucon, qui avait fait graver quelques-uns de ces instruments, les regardait comme des outils de menuiserie, probablement des ciseaux.

Le comte de Caylus, célèbre antiquaire, en avait décrit cinq, provenant d'Herculanum, mais sans en déterminer l'usage. D'autres y avaient reconnu l'instrument gaulois à l'aide duquel on devait cueillir le gui du chêne dans les cérémonies druidiques, oubliant la faucille d'or de Velléda, et de Caïla a même reproduit dans sa dissertation le dessin de deux autres objets de même genre que Jean de Bast, antiquaire également renommé, avait considérés comme instruments de travail sans dire lequel.

On aimait, à cette époque, à chercher tous les textes pouvant éclaircir une question, et de Caïla ne manquait pas de rapporter les opinions tout aussi diverses des savants Gruter, Smith, Mercurialis, Juste Lipse. Il avait même fouillé les *Annales de l'Académie des Inscriptions et Belles-Lettres,* source précieuse d'informations, et il y avait découvert un mémoire de Mahudel sur des coins trouvés près de Langres et concluait, avec cet auteur, que ces instruments ne devaient avoir eu d'autre destination que de faciliter le dépouillement des victimes, c'est-à-dire la séparation des chairs de la peau qui les recouvre. Il en faisait ainsi les analogues des instruments nommés par les Grecs *creodeira* et par les Romains *cultri excoriatorii*.

Chose assez singulière, Jouannet, qui dit un mot des mêmes coins trouvés à Pauillac, en citant à tort 1805 pour la date de leur découverte, n'a jamais fait allusion à la dissertation du baron de Caila, qu'il connaissait parfaitement et dont il était même le contemporain à l'Académie. On lui doit cependant plusieurs travaux sur la même question, communiqués en 1827 et 1829 à la même Compagnie, résumés très sommairement, en 1837, dans la *Statistique de la Gironde*, et présentés en 1842 au congrès organisé à Bordeaux par la Société française d'Archéologie pour la conservation des monuments historiques.

Le premier porte la date du 1er mars 1827. Il visait les instruments de bronze découverts à Pauillac en 1805 (ce sont ceux décrits par de Caila), et d'autres trouvés en 1822. Il s'agissait surtout de 60 nouveaux coins placés, comme les premiers, dans un vase d'argile, malheureusement détruit (ainsi qu'on le constate toujours), et cette communication offre un intérêt tout particulier, parce que Jouannet s'était préoccupé, dès lors, de faire établir l'analyse chimique de ces bronzes par un minéralogiste habile, M. Brard, qui reçut même, à ce sujet, la médaille que l'Académie décernait, tous les ans, aux travaux les plus méritoires de ses correspondants.

Dans cette nouvelle communication se trouve discutée l'utilisation de ces bronzes, et si l'on pouvait douter de la connaissance que Jouannet avait eue du travail de Caila, la preuve matérielle du fait se trouverait aisément dans le texte de son manuscrit où se trouvent ces mots : « *On a prétendu et même dit devant vous, Messieurs,* que les » coins trouvés à Pauillac et d'autres coins semblables » découverts en France sur plusieurs points furent des

» instruments de sacrifices destinés à écorcher des vic-
» times, mais cette supposition, purement gratuite, ne
» repose sur rien. »

Jouannet n'attachait, du reste, aucune importance aux opinions de ceux qui l'avaient précédé dans la carrière. « L'erreur en courant de main en main, disait-il, ne » peut acquérir qu'un crédit momentané. » Il rappelait, en outre, que Hearne, savant antiquaire anglais du XVIIe siècle, avait émis, le premier, l'avis que ces coins de bronze étaient des instruments victimaires; qu'il en avait fait, plus tard, des ciseaux pour tailler et polir les pierres destinées au revêtement des camps; que Gensane, dans son *Traité de la fonte des mines,* avait prétendu qu'ils servaient aux mineurs; qu'un autre auteur les avait même considérés comme des échelons que les soldats enfonçaient dans les murs qu'ils devaient franchir par escalade.

Critiquant ainsi toutes les opinions, dont les plus ingénieuses lui paraissaient les moins sages, il arrivait, enfin, à adopter celle dont il attribue le mérite à l'historien Speed. Pour lui, ce sont incontestablement des haches celtiques, un perfectionnement des armes de pierre avec lesquelles les coins de Pauillac offrent une grande analogie de forme, et il tirait de son étude des conclusions très remarquables pour le temps, à savoir : qu'il était vraiment impossible de fixer la date du premier emploi de ces instruments; qu'elle remontait sûrement avant l'occupation romaine de l'Aquitaine, et que l'absence de scories, de débris de creusets, de fourneaux ou de tout indice de fabrication locale, ainsi que la profondeur à laquelle les coins avaient été trouvés, pouvaient porter à conjecturer qu'ils avaient été jadis apportés par le commerce, leur nombre prouvant que leur usage était assez répandu.

On a peu ajouté, même de nos jours, à ces appréciations fort sages, que M. Blanc-Dutrouilh, secrétaire général de l'Académie, citait, avec éloges, dans son rapport annuel de la séance publique du 31 mars 1827, et ce qui surprendra véritablement bien des archéologues et préhistoriens, c'est qu'il existe aussi dans les archives dont je viens de montrer les richesses la preuve que l'Académie n'avait cessé de s'intéresser à la solution des questions si soigneusement discutées devant elle. M. Blanc-Dutrouilh rappelait, en effet, dans la séance publique du 5 juin 1828, qu'on devait à M. Durand, père de l'un de nos collègues, la présentation de haches gauloises parfaitement emmanchées, et la démonstration que ces instruments pouvaient résister aisément à des chocs violents et servir, par suite, à une foule d'usages domestiques ou à la guerre. (Bordeaux, Brossier, 1828, p. 55.)

Jouannet lut, enfin, un deuxième mémoire en 1829, à l'occasion d'une communication d'un membre correspondant de l'Académie, M. de Lagatinerie, commissaire de la marine à Cherbourg, puis à Bayonne et à Bordeaux, sur des coins de bronze trouvés en grand nombre dans le département de la Manche.

D'où, de nouvelles conclusions fort curieuses :

1° Que ces bronzes étaient véritablement d'un usage très répandu;

2° Que c'est sur les côtes de France et d'Angleterre qu'on en trouve le plus;

3° Que, semblables, en général, pour la forme, mais différentes pour l'emmanchement, ces différences indiquent ou des perfectionnements d'un même instrument ou des destinations différentes;

5° Que leurs dimensions variant de deux pouces et

demi à six pouces, on doit croire ou qu'ils servaient à divers emplois, ou que dans le même emploi ils n'avaient pas toujours les mêmes résistances à vaincre;

5° Que leur forme générale et leur variété de taille est commune aux coins en pierre dont se servirent les Gaulois et dont se servent les sauvages de l'Amérique (¹).

Je n'ai pas besoin d'insister sur l'importance de tous ces mémoires. Je rappelle seulement les dates de 1803, 1806, 1822, 1827, 1828 et 1829, et mon affirmation, maintenant prouvée, que tout ce qui se rattache à l'étude des haches de bronze avait été scientifiquement résolu devant l'Académie de Bordeaux, bien avant toute recherche analogue en France et en Europe.

Ce n'est pas, d'ailleurs, un fait isolé dans l'histoire de la Compagnie, dont les fondateurs, groupés autour de Montesquieu, prirent une part considérable et très variée dans le mouvement intellectuel et scientifique du XVIII° siècle.

Il y eut donc plus que de l'ignorance, un suprême déni de justice, quand Lanjuinais vint demander à l'Assemblée nationale, dans la séance du 10 août 1790, la suppression de ces centres d'instruction, « comme » foyers d'aristocratie littéraire n'ayant d'autre art que » de lier quelques phrases ingénieuses et correctes. »

Et ce fut un crime de lèse-nation, quand elles furent supprimées, le 8 août 1793, sur la proposition de Grégoire. Il les avait pourtant défendues, trois ans avant, sous la condition de leur voir se donner des statuts dignes du régime de liberté, dont la première application fut la confiscation de l'hôtel, de la bibliothèque et des collections provenant des dons purement individuels des

---

(¹) Séance publique du 16 juin 1829. — Rapport de M. Blanc-Dutrouilh, p. 20.

académiciens J.-J. Bel, J. de Barbot, Chesneau, Beaujon, Campaigne et Cardoze, dont le nom vient d'être remis en honneur, à l'Académie, par la généreuse donation de son descendant pour la fondation d'un prix.

Il est vrai qu'on a depuis élevé une statue à Grégoire; je suppose que c'est pour tout autre cause et j'ajoute, bien vite, qu'il ne faut voir dans les réflexions qui précèdent aucune intention ou allusion politique. L'Académie aura bientôt vécu deux siècles sans descendre dans cette mêlée, ce qui peut bien lui être reconnu méritoire à une époque où tant d'esprits, même excellents, ont cru devoir y consacrer leurs veilles et se présenter même pour être élus sans être précisément appelés.

L'Académie de Bordeaux a toujours appartenu, appartient et appartiendra à la République éternelle, très divisible quoique n'ayant qu'un but, le savoir; à la République des sciences, des lettres et des arts, et il faut dire aussi que ceux qui la composaient au moment de la tourmente révolutionnaire se trouvèrent au premier rang quand la *Société d'histoire naturelle et d'agriculture*, devenue plus tard la *Société des sciences, belles-lettres et arts*, reprit, dès 1796, toutes les traditions dont ils étaient restés les seuls et fidèles gardiens.

Mon étude le prouve de la manière la plus inattendue pour ce qui concerne le baron de Caila et il ne me reste plus qu'à remercier l'assistance qui a bien voulu m'écouter jusqu'au bout, pour l'intérêt qu'elle paraît avoir pris à l'exposition de faits dont le caractère est plus nettement déterminé maintenant qu'autrefois.

Jamais l'antiquité n'a été plus interrogée et mieux comprise.

Les heureuses fouilles de Troie, de Mycènes, de Tyrinthe, d'Algérie, de Tunisie et de France en feraient foi. Et l'on est arrivé surtout à reconnaître que c'est par la comparaison de toutes les recherches entreprises en divers pays que l'on pourra parvenir à mettre en lumière les conditions certaines des premiers temps des civilisations humaines, les origines, les transformations de ces civilisations elles-mêmes, pour écrire l'histoire sérieuse de l'humanité.

Cette tendance honorera notre siècle, remarquable à tant de titres et qui, sous le rapport des études qui font le sujet de mon travail, est surtout bien loin de l'époque, où un moine, très savant, pouvait écrire ce qui suit dans ses mélanges d'histoire et de littérature ([1]), souvent réédités de 1700 à 1725, c'est-à-dire dans les premières années de l'Académie.

Paris, 6 mars.

« Le premier janvier ([2]) passé j'allai, selon la coutume, souhaiter la bonne année à la vénérable antiquité. Je la trouvai dans ses archives, couchée sur de vieux manuscrits, ses lunettes d'un côté et, de l'autre, des lacrymatoires qu'elle remplissait de ses précieuses larmes. Dès qu'elle m'aperçut, comme je suis de ses amis et qu'elle m'honore de sa confiance, elle s'écria d'un ton de voix à fendre les cœurs : C'en est fait, me voici dans mon année climatérique ([3]). Il faut que je périsse, mes ennemis ont conspiré ma mort !

» Quoi, Madame, lui dis-je, y a-t-il au monde des gens assez déterminés pour entreprendre sur une vie comme la vôtre, que tant de siècles n'ont pu altérer ? — Si cela est, tout est perdu et il faut dire adieu pour jamais à la chronologie, à l'histoire et à tous les principes des arts et des sciences, qui sont le fondement de nos études.

([1]) La Bibliothèque de Bordeaux a trois éditions de cet ouvrage très curieux : une de 1700, une de 1713 et la quatrième de 1725.

([2]) Cette lettre paraît datée : Paris, 6 mars.

([3]) On nommait ainsi l'année qui correspondait au renouvellement complet du corps que l'on croyait s'opérer tous les sept ou neuf ans. — Ce moment était considéré comme très critique et cette expression, assez employée dans les siècles qui ont précédé le nôtre, était également prise au figuré, car Voltaire a dit : « Les États ont leurs années climatériques aussi bien que les hommes. » Nous disons aujourd'hui : leur moment psychologique.

» Ce que vous dites est vrai, répliqua la bonne antiquité, cependant on ne parle aujourd'hui (c'était en 1700, il y a 189 ans) que de m'exterminer comme une vieille radoteuse et de donner à la nouveauté la place d'honneur que je tiens dans la République des Lettres. »

Et la voilà qui se lance dans de longues doléances sur l'injustice des hommes; sur les prétentions exagérées des modernes; l'ingratitude même de ceux qu'elle avait vus mille fois courbés devant elle, recueillant avec respect ses paroles et pensées; se faisant un honneur d'adorer jusqu'à ses taches et ses rides et lui supposant même des grâces et des beautés quelle n'avait pas..... jusqu'à ce que leur réputation fût bien établie à ses dépens. — Etc..... (¹)

Et le vieil auteur continue :

« Les larmes que la vénérable personne répandait en abondance et la chaleur avec laquelle elle parlait ayant réveillé toute ma tendresse, je pris congé, lui protestant que jamais aucune nouveauté ne me séparerait de ses intérêts; que j'étais prêt à verser jusqu'à la dernière goutte de..... mon encre pour la défense d'une aussi bonne maîtresse et je l'assurai, en partant, qu'elle en devait avoir bonne espérance; que les meilleurs esprits ne l'avaient jamais abandonnée; que le crédit de ceux qui l'avaient si lâchement trahie diminuait chaque jour et qu'enfin, comme preuve assurée du peu de durée des nouveautés, que le *caffé* ne faisait plus guères de prosélytes (²). »

L'excellent Dom Bonaventure d'Argonne manquait évidemment de prescience dans cette dernière consolation,

---

(¹) Je suis heureux de dire ici que j'ai lu, pour la première fois, cette lettre singulière, dans un discours prononcé par M. Lemaignen, avocat distingué de Nantes, comme président de la Société académique de la Loire-Inférieure. J'en ai seulement complété le texte, d'après la comparaison des trois éditions de la Bibliothèque de Bordeaux.

(²) Toute cette fin et cette boutade contre le café (tout à fait de l'époque) n'existent que dans la troisième édition, celle de 1725, 2 vol., p. 111-118, et l'on doit se rappeler que la grande querelle littéraire ouverte en 1687 et résumée dans l'ouvrage singulier de François de Callières *(Histoire poétique de la Guerre des anciens et des modernes)* venait d'être à peine terminée par la réconciliation de Boileau et de Perrault, en 1687.

car le café, si souvent et si doctement accusé et condamné, a fourni, depuis deux siècles, une assez belle carrière.

L'antiquité doit-elle avoir le même sort et sa cause est-elle aussi sûrement gagnée que le croyait et le souhaitait le bon chartreux ? On serait peut-être tenté de ne pas l'admettre, car la bonne vieille qu'il défendait avec ardeur est attaquée de nos jours plus que jamais. Ses mérites et ses états de service sont discutés à outrance, dans les journaux, dans les livres, dans les revues, et même à la tribune de nos Chambres. — Mais je ne puis m'empêcher de constater, comme médecin, que sa constitution a résisté déjà victorieusement à des luttes de bien des siècles, ce qui prouve une vitalité des plus grandes, une force de résistance incontestable, qui peuvent lasser bien des assauts.

Je crois pouvoir ajouter aussi, comme archéologue, que les recherches préhistoriques sont même de nature à lui donner un renouveau de jeunesse sur lequel elle ne pouvait point compter, lorsqu'elle proférait les plaintes amères qui avaient si profondément ému le vieil auteur qui cachait son nom et sa qualité sous le pseudonyme de M. de Vigneul-Marville.

Elle peut donc ne pas trop s'effrayer encore et quelquefois même sommeiller, comme il convient aux personnes de son âge et comme on l'accordait jadis à Homère *(quandoque dormitat)*. — Elle aura toujours des admirateurs, des défenseurs et des adeptes.

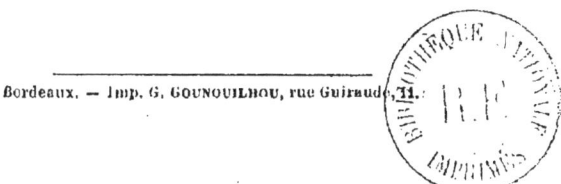

www.ingramcontent.com/pod-product-compliance
Lightning Source LLC
Chambersburg PA
CBHW061018050426
42453CB00009B/1513